Pastry Making
English / French

La Pâtisserie
Anglais / Français

32 bilingual recipes
32 recettes bilingues

Gabrielle SCOUARNEC

For language students,
gourmets,
curious about linguistics,
and collector minds.

Aux étudiants en langues,
aux gourmands,
aux curieux de linguistique,
et aux esprits collectionneurs.

BAKED APPLES

Time 15 + 20

Ingredients

4 apples

4 tablespoons currant jelly

10 g butter

Directions

Preheat the oven at 200° C (380° F).

Wipe and core apples.

Put in a buttered dish.

Fill cavities with jelly.

Bake for 20 minutes in a baking dish.

POMMES AU FOUR

Temps 15 + 20

Ingrédients

4 pommes

4 cuillères à soupe de gelée de groseille

10 g de beurre

Préparation

Préchauffer le four à 200° C.

Laver et essuyer les pommes. Les épépiner.

Les disposer dans le plat à gratin beurré.

Combler les trous avec la gelée de groseille.

Enfourner et cuire pendant 20 minutes.

ORANGE CAKE

Time 15 + 35

Ingredients

100 g flour

50 g cornstarch

125 g granulated sugar

2 eggs

7 cl grape-seed oil

12 cl orange juice

½ sachet baking powder

½ sachet vanilla sugar

Directions

Preheat the oven at 165° C (330° F).

Mix sugar and vanilla sugar with yolks.

Add oil, flour, cornstarch, baking powder and orange juice.

Beat egg whites until stiff and add them to the mixture.

Pour into a buttered savarin mold.

Bake for 35 minutes.

Turn out and let cool on wire rack.

GÂTEAU À L'ORANGE

Temps 15 + 35

Ingrédients

100 g de farine

50 g de maïzena

125 g de sucre

2 oeufs

7 cl d'huile de pépins de raisin

12 cl de jus d'orange

½ sachet de levure

½ sachet de sucre vanillé

Préparation

Préchauffer le four à 165° C.

Mélanger le sucre, le sucre vanillé et les jaunes d'oeufs.

Ajouter l'huile, la farine, la maïzena, la levure et le jus d'orange.

Battre les blancs en neige ferme et les ajouter au mélange.

Verser dans un moule à savarin beurré.

Enfourner et cuire 35 minutes.

Démouler et laisser refroidir sur une grille.

RICE IN MILK

Time 5 + 30

Ingredients

80 g round rice

50 ml milk

3 tablespoons granulated sugar

3 egg yolks

1 vanilla pod

Directions

Boil rice for 2 minutes. Strain.

Slice open the vanilla pod lengthways.

Pour milk in a saucepan with sugar and vanilla.

Cook on a medium heat.

Add rice. Heat until boiling.

Turn down the heat and simmer for 30 minutes.

Take out the vanilla pod.

Add yolks and mix vigorously with a wooden spoon.

Pour into 4 individual bowls.

RIZ AU LAIT

Temps 5 + 30

Ingrédients

80 g de riz rond

50 ml de lait

3 cuillères à soupe de sucre

3 jaunes d'oeufs

1 gousse de vanille

Préparation

Faire bouillir le riz pendant 2 minutes. L'égoutter.

Fendre la gousse de vanille dans le sens de la longueur.

Verser le lait dans une casserole, avec le sucre et la vanille.

Chauffer à feu moyen.

Ajouter le riz. A ébullition, baisser le feu et laisser frémir 30 minutes.

Enlever la gousse de vanille.

Ajouter les jaunes d'oeuf et tourner énergiquement à l'aide d'une cuiller en bois.

Répartir dans 4 bols.

SEMOLINA PUDDING

Time (1 night) + 15 +15

Ingredients

65 g raisins

10 cl orange-flower water

33 cl milk

50 g granulated sugar

50 g fine semolina

2 eggs

Directions

Leave raisins to soak in orange-flower water for a night. Strain.

In a bowl, beat eggs and raisins. Put aside.

Bring to a boil milk and sugar.

Add the semolina gradually.

Cook while stirring for 10 minutes on medium heat.

Take the saucepan off the heat and add the beaten eggs.

Pour into an oiled savarin mold and bake 15 minutes in oven preheated at 175° C (345° F).

Let cool before turning out.

GÂTEAU DE SEMOULE

Temps (1 nuit) + 15 +15

Ingrédients

65 g de raisins secs

10 cl d'eau de fleur d'oranger

33 cl de lait

50 g de sucre en poudre

50 g de semoule de blé fine

2 oeufs

Préparation

Faire gonfler les raisins dans l'eau de fleur d'oranger pendant une nuit. Égoutter.

Dans un bol, battre les oeufs et les raisins. Réserver.

Porter le lait et le sucre à ébullition.

Verser la semoule en pluie.

Faire cuire 10 minutes à feu moyen, en remuant.

Hors du feu, ajoutez les oeufs battus.

Verser dans un moule à savarin huilé et cuire 15 min dans le four préchauffé à 175° C.

Laisser refroidir avant de démouler.

FRUIT PASTILLA

Time 20 + 20

Ingredients

6 brik sheets (you can use filo in place of brik sheets)
20 g sliced almonds
10 g ground almonds
10 g butter
½ teaspoon cinnamon powder
1 teaspoon confectioners' sugar
1 teaspoon orange-flower water
8 apricots

Directions

Preheat the oven at 200° C (380° F)
Halve and pit apricots, pour orange-flower water onto them.
Put aside.
In a bowl, mix together ground almonds, confectioners' sugar
and cinnamon powder.
Put aside.
Melt butter in a bain-marie.
Brush brik sheets with melted butter.
Pile up 3 buttered brik sheets onto a cookie sheet prepared with
parchment paper.
Sprinkle brik sheets with almonds leaving a 3-4 cm surround.
Lay apricots, cut edge up.
Cover with the other 3 brik sheets. Press the edge and fold the
surround (a seam).
Bake for 20 minutes, until brik sheets brown.
Sprinkle with the mixture of ground almonds, confectioners'
sugar and cinnamon powder.

PASTILLA AUX FRUITS

Temps 20 + 20

Ingrédients

6 feuilles de brik (vous pouvez les remplacer par des feuilles de filo)
20 g d'amandes effilées
10 g d'amandes pilées
10 g de beurre
½ cuillère à café de cannelle en poudre
1 cuillère à café de sucre glace
1 cuillère à café d'eau de fleur d'oranger
8 abricots

Préparation

Préchauffer le four à 200° C.

Couper les abricots en 2, verser dessus l'eau de fleur d'oranger. Réserver.

Dans un saladier, mélanger les amandes pilées, le sucre glace et la cannelle en poudre. Réserver.

Faire fondre le beurre au bain-marie.

Badigeonner les feuilles de brik de beurre fondu.

Empiler 3 feuilles de brik beurrées sur une plaque à biscuits recouverte de papier sulfurisé beurré.

Répartir les amandes en laissant libre une couronne de 3 à 4 cm. Disposer les abricots, côté coupé vers le haut.

Couvrir avec les 3 autres feuilles de brik. Presser les bords et replier la bordure
(une couture).

Faire cuire 20 minutes, jusqu'à ce que les feuilles de brik brunissent.

Saupoudrer avec le mélange d'amandes pilées, de sucre glace et de cannelle.

MERINGUES

Time 20 + 120

Ingredients

175 g granulated sugar
4 egg whites
60 g confectioners' sugar
2 g salt

Directions

Preheat the oven at 90° C (170° F).
Whip egg whites with salt until foamy.
Add sugar, 2 tablespoons at a time, and continue beating until
stiff peaks form.
Drop the batter from a spoon on cookie sheets. (You can use a
pastry bag.)
Bake for 90 to 120 minutes, according to the size of the meringues.
Do not allow to brown.
Turn off the heat and let the meringues finish drying for 1
additional hour.

Prepare meringues on a dry day.
If it's raining they will never dry, but flatten out and lose their
crispness.

MERINGUES

Temps 20 + 120

Ingrédients

175 g g de sucre semoule
4 blancs d'oeufs
60 g de sucre glace
2 g sel

Préparation

Préchauffer le four à 90° C.
Battre les blancs avec le sel jusqu'à obtenir une consistance mousseuse.
Ajouter le sucre, 2 cuillerées à la fois, et continuer à battre
jusqu'à ce que la préparation soit ferme.
Déposer des cuillerées de la préparation sur une plaque à biscuits.
(Vous pouvez utiliser une poche à douille.)
Faire cuire 90 à 120 minutes, selon la taille des meringues.
Ne pas laisser brunir.
Éteindre le four
et laisser les meringues finir de sécher pendant encore 1 heure.

Préparez les meringues par temps sec.
Si le temps est humide, elles ne sècheront pas, mais s'aplatiront et
perdront tout craquant.

MACAROONS

Time 15 + 15

Ingredients

150 g almond powder
150 g nut powder
400 g sugar
4 egg whites
2 g salt

Directions

Preheat the oven at 170° C (325° F).

Mix together almonds, nuts and sugar.

In a bowl put egg whites and salt.

Beat egg whites until stiff.

Combine dry mixture with egg mixture, a little at a time.

Drop spoonfuls of mixture onto buttered cookie sheets.

Allow some space: macaroons expand.

Bake for 12 to 15 minutes.

Cool on wire rack.

MACARONS

Temps 15 + 15

Ingrédients

150 g d'amandes en poudre
150 g de noisettes en poudre
400 g de sucre en poudre
4 blancs d'oeufs
2 g sel

Préparation

Préchauffer le four à 170° C.

Mélanger la poudre d'amande, la poudre de noisette et le sucre.

Dans un saladier, mettre les blancs d'oeuf et le sel.

Battre les blancs en neige ferme.

Incorporer petit à petit le mélange sec aux oeufs.

Répartir l'appareil par cuillerées sur des plaques à biscuit beurrées.

Espacer: les macarons s'étendent.

Cuire pendant 12 à 15 minutes.

Faire refroidir sur une grille.

FOUR QUARTERS

Time 15 (+30) + 45

Ingredients

flour, softened (almost melted) butter, sugar, eggs in equal parts
baking powder (proportionally to the quantity of flour)
salt

Directions

In a large bowl, mix together flour, sugar, salt and baking

powder.

Make a well in the center.

Add eggs one by one and mix.

Add butter and stir well.

Pour into a buttered deep cake pan.

Cover. Let stand at room temperature for ½ hour.

Preheat the oven at 150° C (300° F).

Bake for 30 minutes.

Cover with aluminum foil. Bake another 15 minutes.

Leave to cool 15 minutes before turning out.

QUATRE QUARTS

Temps 15 (+30) + 45

Ingrédients

farine, beurre très mou (presque fondu), sucre, oeufs en parts égales
levure (proportionnellement à la quantité de farine)
sel

Préparation

Dans un saladier, mélanger la farine, le sucre, le sel et la levure.

Faire un puits au milieu.

Ajouter les oeufs un à un et mélanger.

Ajouter le beurre et mélanger intimement.

Verser dans un moule à manqué beurré.

Couvrir. Laisser reposer ½ heure à température ambiante.

Préchauffer le four à 150° C.

Enfourner et cuire pendant 30 minutes.

Couvrir d'une feuille d'aluminium. Cuire encore 15 minutes.

Laisser refroidir 15 minutes avant de démouler.

CHERRY CLAFOUTI

Time 10 + 40

Ingredients
125 g butter, softened
120 g sugar
4 eggs
150 g all-purpose flour
2 g salt
500 g cherries

Directions

Preheat the oven at 195° C (375° F).

In a large bowl, beat together butter and sugar until light.

Beat in eggs until thoroughly blended.

Add flour and salt. Beat until the mixture is smooth.

Lightly butter a quiche pan.

Pour half the batter into the pan. Sprinkle with 1 cup cherries.

Pour the second half of batter into pan, sprinkle the second cup cherries.

Bake for 40 minutes.

Insert a knife blade in center. If it comes out clean, take out the clafouti.

Otherwise, leave for additional 5 to 10 minutes, depending on how much the blade is moist.

Serve warm or lukewarm.

MIND THE STONES!

CLAFOUTI AUX CERISES

Temps 10 + 40

Ingrédients
125 g   de beurre à température ambiante
120 g de sucre semoule
4 oeufs
150 g de farine
2 g sel
500 g de cerises

Préparation

Préchauffer le four à 195° C.
Dans un grand saladier, fouetter le beurre et le sucre jusqu'à ce que le mélange blanchisse. Ajouter les oeufs et battre jusqu'à ce que le mélange soit homogène.
Ajouter la farine et le sel.
Fouetter pour obtenir un mélange onctueux.
Beurrer légèrement un plat à quiche.
Verser la moitié de la préparation dans le plat.
Répartir la moitié des cerises.
Verser le reste de l'appareil dans le moule
et répartir le reste des cerises.
Cuire 40 minutes. Plonger la lame d'un couteau au milieu.
Quand elle ressort sèche, sortir le clafouti.
Sinon, laisser cuire 5 à 10 minutes, selon le degré d'humidité de la lame.
Servir chaud ou tiède.
ATTENTION AUX NOYAUX !

BLACKBERRY CHEESECAKE

Time 15 + 40

Ingredients

160 g cookie crumbs
80 g melted butter
3 eggs
100 g + 30 g brown sugar
5 g cinnamon powder
500 g cream cheese
100 g blackberries

Directions

Combine butter, cinnamon, 2 tablespoons brown sugar and crumbs.

Pat mixture into the bottom of a deep cake pan.

Beat cream cheese with remaining sugar.

Add eggs, one at a time.

Bake in a preheated oven at 160° C (325° F) for 40 minutes.

Leave to rest for 5 minutes. Loose edges with a knife before turning out.

Chill until ready to serve.

Decorate with blackberries.

24

CHEESECAKE AUX MÛRES

Temps 15 + 40

Ingrédients

160 g de petits-beurre émiettés
80 g de beurre mou
3 oeufs
100 g de cassonade + 30 g
5 g de cannelle en poudre
500 g de petits-suisses
100 g de mûres

Préparation

Mélanger le beurre, la cannelle, 30 g de cassonade et les miettes de petits-beurre.

Répartir au fond d'un moule à manqué en tapotant.

Fouetter les petits-suisses avec le reste de sucre.

Ajouter les oeufs un à un.

Faire cuire pendant 40 minutes dans un four préchauffé à 160°C.

Laisser reposer 5 minutes. Décoller les bords avec un couteau avant de démouler.

Garder au frais jusqu'au moment de servir.

Décorer avec des mûres.

APRICOT CRUMBLE PIE

Time 30 + 30

Ingredients
2 mint leaves
1 tablespoon pine kernels
500 g apricots
60 g almond powder
60 g all-purpose flour
30 g granulated sugar
50 g butter at room temperature (+ 10 g for dish)
1 pinch cinnamon powder

Directions

Preheat the oven to 180° C (350° F).

In a pan, brown pine kernels.

Pit apricots, cut each half in half again.

Slice mint leaves thinly.

Butter the gratin dish.

Heat 1 tablespoon water in a sauce pan and cook apricots for 3 minutes.

Add mint and pine kernels, mix.

Cook to reduce for 10 minutes and pour in the buttered dish.

In a bowl, rub butter into flour, almond powder, sugar and cinnamon until crumbly.

Sprinkle over apricots.

Bake for 25 minutes, cover with aluminum foil and bake for another 5 minutes.

26

CRUMBLE AUX ABRICOTS

Temps 30 + 30

Ingrédients
2 feuilles de menthe
1 cuillerée de pignons de pin
500 g d'abricots
60 g de poudre d'amandes
60 g de farine
30 g de sucre semoule
50 g de beurre à température ambiante (+ 10 g pour le plat)
1 pincée de cannelle

Préparation

Préchauffer le four à 180° C.
Brunir les pignons dans une poêle.
Dénoyauter les abricots, couper chaque moitié en deux.
Ciseler les feuilles de menthe.
Beurrer le plat à gratin.
Faire chauffer une cuillerée d'eau dans une casserole
et y cuire les abricots pendant 3 minutes.
Ajouter la menthe et les pignons, mélanger.
Faire réduire 10 minutes et verser dans le plat beurré.
Dans un saladier, émietter le beurre
avec la farine, la poudre d'amande, le sucre et la cannelle
pour obtenir un mélange granuleux.
Répartir sur les abricots.
Cuire au four 25 minutes,
couvrir avec du papier d'aluminium
et cuire encore 5 minutes.

MARBLE CAKE

Time 30 + 40

Ingredients
230 g flour (+ 10 g for the pan)
1 sachet vanilla sugar
230 g butter, softened (+ 10 g for the pan)
5 g baking powder
100 g sugar
6 eggs
1 teaspoon strong coffee
40 g cocoa powder
1 vanilla pod

Directions

Preheat the oven at 190° C (360° F).
 Mix together butter, sugar and vanilla sugar vigorously.
 Combine eggs, two at a time, using a wooden spoon.
When the mixture is of an even consistency add flour and
baking powder.
Mix together again.

Slice open the vanilla pod lengthways and scrape out the seeds.
 Halve dough. Add cocoa powder and coffee to one part, and
vanilla seeds to the other.
Butter and flour a deep, rectangular cake pan.
Spread the first layer of dough into pan, then the second.
With a large spoon, cut and twist through layers to obtain
marbled effect.
Bake for 40 minutes
(or until a knife blade inserted in the center of the cake comes
out clean).
Let cool to lukewarm before turning out.

MARBRÉ

Temps 30 + 40

Ingrédients
230 g de farine (+ 10 g pour le moule)
1 sachet de sucre vanillé
230 g de beurre ramolli (+ 10 g pour le moule)
5 g de levure chimique
100 g de sucre
6 oeufs
1 cuillère à café de café fort
40 g de cacao en poudre
1 gousse de vanille

Préparation

Préchauffer le four à 190° C.
Mélanger énergiquement le beurre, le sucre et le sucre vanillé.
Incorporer les oeufs 2 par 2 à l'aide d'une cuillère en bois.
Quand la préparation est homogène, ajouter la farine et la levure.
Mélanger à nouveau.
Ouvrir la gousse de vanille dans le sens de la longueur et gratter pour faire sortir les graines.
Diviser la pâte en deux.
A l'une des parts, ajouter le cacao en poudre et le café, à l'autre, les graines de vanille.
Beurrer et fariner un moule à manqué.
Etaler la première couche de pâte dans le moule, puis la seconde.
Plonger et faire tourner une cuiller à travers les couches de pâte de façon à obtenir un effet marbré.
Faire cuire 40 minutes
(ou jusqu'à ce que la lame d'un couteau plongée au coeur ressorte sèche).
Laisser tiédir avant de démouler.

CREPE BATTER

Time 10 + 60

Ingredients

250 g all-purpose flour, sifted
3 eggs
25 cl milk
25 cl blond beer
15 ml vegetable oil
4 g salt

Directions

Tip flour and salt in a large bowl.

Make a well in the center.

Add 1 egg and mix; add a second egg and mix; add the third egg and mix.

The whole flour must be moist.

Pour in milk, stirring constantly.

Pour in half of beer. Pour in oil and stir well.

Add remaining beer little by little until the batter is the consistency of light cream.

Cover. Let stand at room temperature for 1 hour.

Stir vigorously before cooking.

PÂTE À CRÊPES

Temps 10 + 60

Ingrédients

250 g de farine tamisée
3 oeufs
25 cl de lait
25 cl de bière blonde
15 ml d'huile végétale
4 g de sel

Préparation

Verser la farine et le sel dans un grand saladier.

Creuser un puits au milieu.

Ajouter un oeuf et mélanger; ajouter un deuxième oeuf et mélanger;

ajouter le troisième oeuf et mélanger. Toute la farine doit être

humide.

Verser le lait en remuant sans arrêt.

Verser la moitié de la bière. Verser l'huile et bien remuer.

Ajouter la bière restante petit à petit jusqu'à ce que la pâte ait la

consistance d'une crème.

Couvrir. Laisser reposer une heure à température ambiante.

Mélanger vigoureusement avant cuisson.

THE SIMPLEST CREPE

Time 60 + 50

Ingredients

Crepe batter page 30
1 sachet vanilla sugar.
12 teaspoons granulated sugar

Directions

Mix vanilla sugar with flour and prepare crepe batter as
explained on page 30.
Prepare a pad of absorbent paper, pour some vegetable oil in a
saucer.
Dip the pad in oil and use it to brush the pan.
Heat a shallow frying pan.
1- Oil the pan.

2- Place (a little less than) a ladleful of crepe batter into center of
pan, tilting to coat the bottom.
Cook for 2 minutes.
Turn the crepe.
Cook for 2 minutes.

3- Let it slide on a plate.
Sprinkle 1 teaspoon granulated sugar.

Repeat steps 1 – 2 – 3 as long as there is batter.

CRÊPE SIMPLETTE

Temps 60 + 50

Ingrédients

Pâte à crêpes page 31
1 sachet de sucre vanillé
12 cuillerées de sucre semoule

Préparation

Mélanger le sucre vanillé à la farine et préparer la pâte à crêpes comme indiqué page 31.
Préparer un tampon de papier absorbant, verser l'huile dans une soucoupe.
Tremper le tampon dans l'huile et l'utiliser pour enduire la poêle.
Chauffer une crêpière.

1- Huiler la crêpière.

2- Verser une (petite) louche de pâte à crêpes au milieu de la poêle.
Incliner pour répartir la pâte sur tout le fond.
Faire cuire 2 minutes.
Retourner la crêpe.
Faire cuire 2 minutes.

3- Faire glisser sur une assiette.
Saupoudrer d'une cuillerée de sucre.

Recommencer les étapes 1 – 2 – 3 tant qu'il reste de la pâte.

SWEET FRITTERS

Time 80 + 50

Ingredients

250 g sifted flour (+ 10 g for the work surface)
½ sachet baking powder
2 eggs
50 g softened butter
½ grated lemon zest
10 ml rum
30 g granulated sugar
30 g confectioners' sugar
5 g salt
oil for frying

Directions

In a large bowl, mix together flour, sugar, baking powder and salt.
Make a well in the center. Stir in eggs, butter, lemon zest and rum with a wooden spoon.
Mix until smooth.
Cover and refrigerate for 1 hour.

Roll out the dough onto a floured surface to about a 3 mm (1/8") thickness.
Cut the pastry into 7 cm (3") lozenges, triangles, rectangles, with a slit down the middle.
Fry a few pieces at a time in hot oil (200° C – 375° F).
Take them out with a slotted spoon when risen and golden.
Drain onto a paper towel.
Sprinkle with confectioners' sugar.

BUGNES (beignets à la lyonnaise)

Temps 80 + 50

Ingrédients

250 g de farine tamisée (+ 10 g pour le plan de travail)
½ sachet de levure
2 oeufs
50 g de beurre mou
½ zeste de citron râpé
10 ml de rhum
30 g de sucre semoule
30 g de sucre glace
5 g de sel
huile pour friture

Préparation

Dans un grand saladier, mélanger la farine, le sucre, la levure et le
sel.
Creuser un puits au milieu.
Incorporer en remuant avec une cuillère en bois :
les oeufs, le beurre, le zeste de citron et le rhum.
Mélanger jusqu'à ce que le mélange soit onctueux.
Couvrir et mettre au réfrigérateur pendant 1 heure.

Sur une surface farinée, étaler la pâte à environ 3mm d'épaisseur.
Découper la pâte en losanges, triangles, rectangles de 7 cm, les
fendre au milieu.

Frire quelques bugnes à la fois dans l'huile chaude (200° C).
Les sortir à l'écumoire quand elles remontent et sont dorées.

ALMOND SPONGE FINGERS

Time 15 + 25

Ingredients

125 g almond powder
60 g granulated sugar
30 g honey (liquid or lightly heated)
3 egg whites
15 g potato flour
60 g butter

Directions

Preheat the oven to 180° C (350° F).

In a bowl mix together almond powder, sugar and potato flour.

Add egg whites one at a time. Add the honey.

In a saucepan, cook the butter until it begins to brown.

Pour onto the mixture. Gently sweep with a fork 3 or 4 times to help to combine.

Smooth the mixture into a deep cake pan (or into several individual pans).

Bake the cake for 26 minutes (14 minutes for little pans).

Leave to cool before turning out.

FINANCIERS

Temps 15 + 25

Ingrédients

125 g de poudre d'amande
60 g sucre semoule
30 g de miel (liquide ou légèrement chauffé)
3 blancs d'oeufs
15 g g de fécule de pomme de terre
60 g de beurre

Préparation

Préchauffer le four à 180° C.
Dans un saladier, mélanger la poudre d'amande, le sucre et la fécule
de pomme de terre.
Ajouter les blancs d'oeufs un à un. Ajouter le miel.

Dans une casserole, cuire le beurre jusqu'à ce qu'il commence à
brunir.
Le verser sur le mélange.
Travailler légèrement à la fourchette pour aider le beurre à
s'incorporer.
Lisser l'appareil dans le moule à manqué
(ou dans plusieurs moules individuels).
Enfourner et cuire 26 minutes
(14 minutes pour les moules individuels).
Laisser refroidir avant de démouler.

RICH CHOCOLATE CAKE

Time 20 + 10

Ingredients

100 g baking chocolate
    50 g butter at room temperature (+ 10 g for the mold or
    the ramequins)
30 g granulated sugar
30 g flour
3 eggs
1 teaspoon strong coffee

Directions

Preheat the oven at 180° C (370° F).

Break chocolate and cut butter into pieces.

In a bain-marie, melt chocolate and butter in coffee.

DO NOT STIR UNTIL MELTED.

In a bowl, beat sugar with eggs, one at a time.

Lightly stir the mixture in the bain-marie. Pour it into the bowl.

Add flour little by little. Mix using a wooden spoon. Mix well wit hout beating.

Butter 4 ramequins or 1 savarin mold. Fill with the mixture.

Bake for 10 minutes (or until a knife blade inserted in the cake comes out dry).

Allow to cool 3 minutes before turning out.

Serve still lukewarm with a spoonful of cream.

MOËLLEUX AU CHOCOLAT

Temps 20 + 10

Ingrédients

100 g de chocolat à cuire
50 g de beurre à température ambiante (+ 10 g pour le moule
ou les ramequins)
30 g de sucre semoule
30 g de farine
3 oeufs
1 cuiller à café de café fort

Préparation

Préchauffer le four à 180° C.
Casser le chocolat et couper le beurre en morceaux.
Au bain-marie, faire fondre le chocolat et le beurre dans le café.
NE PAS REMUER TANT QUE LE CHOCOLAT N'EST PAS COMPLÈTEMENT
RAMOLLI.
Dans un saladier, fouetter le sucre et les oeufs, un par un.
Tourner délicatement le mélange au bain-marie. Le verser dans le
saladier.
Ajouter la farine petit à petit. Mélanger à l'aide d'une cuiller en bois.
Bien mélanger, sans battre.
Beurrer le moule à savarin ou les ramequins. Les remplir avec
l'appareil.
Enfourner et faire cuire 10 minutes
(ou jusqu'à ce qu'une lame de couteau plongée au centre ressorte
sèche).
Laisser refroidir 3 minutes avant de démouler.
Servir encore tiède avec une cuillerée de crème.

SHORTBREAD PASTRY

Time 20 + 120

Ingredients

250 g flour
125 g butter, softened and diced
125 g granulated sugar
1 egg
1 sachet vanilla sugar
½ sachet baking powder
1 tablespoon cold water
2 g salt

Directions

Rub butter into flour with fingertips (or with a blender) until sandy.

Do not warm the mixture.

Make a well in the center and pour in salt, sugar, vanilla sugar, and baking powder.

In a bowl, stir together egg and water.

Pour the egg mixture into the well.

Stir gently with a fork.

Fill in the well and form a ball.

On a floured work surface smear the dough with heel of hand.

Fold. Smear again.

DO NOT OVERWORK DOUGH.

Form into a ball. Wrap in a plastic foil.

Leave to rest and refrigerate for at least 2 hours.

PÂTE SABLÉE

Temps 20 + 120

Ingrédients

250 g de farine
125 g de beurre mou, coupé en petits cubes
125 g de sucre semoule
1 oeuf
1 sachet de sucre vanillé
½ sachet de levure chimique
1 cuillerée à soupe d'eau froide
2 g de sel

Préparation

Frotter le beurre dans la farine du bout des doigts (ou au mixer)
jusqu'à obtenir un mélange sableux. Attention à ne pas chauffer le
mélange.
Creuser un puits au milieu et y mettre le sel, le sucre, le sucre vanillé
et la levure.
Dans un bol, battre ensemble l'oeuf et l'eau.
Verser le contenu du bol dans le puits.
Tourner un peu à la fourchette.
Refermer le puits et former une boule.
Ecraser la pâte avec les paumes sur le plan de travail fariné. Replier.
Recommencer.
NE PAS TRAVAILLER LA PÂTE PLUS QU'ABSOLUMENT NÉCESSAIRE.
Former une boule.
L'envelopper dans un film plastique.
Laisser reposer au réfrigérateur pendant au moins 2 heures.

SHORTBREAD BISCUITS

Time (140) + 10 + 10

Ingredients

Shortbread pastry: page 40
1 tablespoon flour (for the working surface)
40g chopped nuts
1 teaspoon cinnamon powder
3 tablespoons granulated sugar

Directions

Prepare the shortbread pastry as explained on page 40.

Preheat the oven at 200° C (370° F).

On the floured surface, roll out dough 0,5 – 1 cm (¼ inch

thickness.)

Sprinkle the nuts and roll the rolling pin to dig nuts into pastry.

Cut out pastry rounds.

Place rounds onto a cookie sheet lined with parchment paper.

Bake for 8 to 10 minutes, according to the thickness of the

cookies.

Mix sugar and cinnamon powder.

Sprinkle the mixture on the cookies AS SOON AS they are out of

the oven. Leave to cool.

SABLÉS

Temps (140) + 10 + 10

Ingrédients

Pâte sablée: page 41
1 cuillerée de farine (pour le plan de travail)
40g de noisettes écrasées
1 cuillère à café de cannelle en poudre
3 cuillères à soupe de sucre semoule

Préparation

Préparer la pâte sablée comme expliqué page 41.
Préchauffer le four à 200° C.
Sur un plan de travail fariné, étaler la pâte à une épaisseur de 0,5 à 1 cm.
Éparpiller les noisettes et donner un coup de rouleau pour les enfoncer dans la pâte.
Découper des ronds dans la pâte.
Les disposer sur la plaque à gâteaux recouverte de papier sulfurisé.
Faire cuire 8 à 10 minutes, selon l'épaisseur des biscuits.
Mélanger le sucre et la cannelle.
En saupoudrer les biscuits DÈS leur sortie du four.
Laisser refroidir.

ANISEED COOKIES

Time 10 + 40 + 12

Ingredients

220 g all-purpose flour (+ 2 tablespoons for the work surface)
80 g softened butter
1 egg
100 g granulated sugar
15 g aniseed
½ sachet baking powder
15 g almond powder
2 g salt

Directions

Stir together flour and baking powder; set aside.

In a bowl beat the egg.

Stir together butter, sugar, aniseed, beaten egg, almond powder and salt.

Add flour mixture.

Knead lightly and form into a ball. Wrap the dough in plastic foil .

Refrigerate for 40 minutes.

Turn dough onto lightly floured surface and roll out to ½ cm ¼ inch thickness.

Cut out rounds using a glass.

Place the rounds onto buttered parchment paper.

Bake at 180° C (365° F) for 12 minutes in the preheated oven.

Cool on wire rack.

BISCUITS À L'ANIS

Temps 10 + 40 + 12

Ingrédients

220 g de farine (+ 2 cuillerées pour le plan de travail)
80 g de beurre mou
1 oeuf
100 g de sucre semoule
15 g de graines d'anis
½ sachet de levure
15 g d'amandes en poudre (2 cuillères à soupe)
2 g de sel

Préparation

Mélanger la farine et la levure; réserver.
Dans un saladier, battre l'oeuf.
Mélanger le beurre, le sucre, l'anis, l'oeuf battu, la poudre d'amandes
et le sel.
Ajouter la farine.
Pétrir légèrement et former une boule.
Entourer la pâte d'un film plastique.
La laisser reposer au réfrigérateur pendant 40 minutes.

Poser la pâte sur une surface légèrement farinée et l'étaler à ½ cm
d'épaisseur.
Découper des ronds avec un verre.
Les disposer sur du papier sulfurisé beurré.
Faire cuire à 180° C pendant 12 minutes dans le four préchauffé.
Faire refroidir sur une grille.

JELLY ROLL

Time 15 + 7

Ingredients

40 g all-purpose flour
10 g melted butter
4 eggs
100 g granulated sugar
40 g potato flour
150 g strawberry jam
2 g salt

Directions

Preheat oven to 180° C (365° F).

Line a 20 x 30 cm (8 x 12") Swiss roll tin with greaseproof paper.

Sift the flour. In a large bowl, whisk together eggs and sugar until thick, creamy and white.

Carefully fold in the flour, a little at a time.

Pour the mixture into the Swiss roll tin.

Bake for 7 – 8 minutes, until golden brown and firm to the touch. DO NOT OVERCOOK.

Place a piece of greaseproof paper on wire rack and sprinkle sugar on top.

When the Swiss roll is cooked, tip it onto the sugared paper.

Peel off the lining paper from the cake. Leave to cool.

Make a score mark 2,5 cm (1 inch) from one shorter edge (to allow the first fold). Spread the jam over the cake with a palette knife.

Roll up the cake from the cut end.

ROULÉ À LA CONFITURE

Temps 15 + 7
Ingrédients
40 g de farine
10 g de beurre fondu
4 oeufs
100 g de sucre semoule
40 g de fécule de pomme de terre
150 g de confiture de fraise
2 g de sel (une pincée)

Préparation

Préchauffer le four à 180° C.
Chemiser un moule de 20 x 30 cm avec du papier sulfurisé.
Tamiser la farine.
Dans un grand saladier, fouetter les oeufs et le sucre
jusqu'à ce que le mélange blanchisse et forme des rubans.
Incorporer la farine par petites quantités, sans battre.
Verser l'appareil dans le moule.
Enfourner et faire cuire 7 – 8 minutes, jusqu'à ce que le gâteau soit
doré et ferme au toucher.
NE PAS CUIRE TROP.

Étaler une feuille de papier sulfurisé sur une grille et y saupoudrer le
sucre.
Quand le biscuit est cuit, le renverser sur le papier parsemé de sucre.
Décoller le papier qui chemise le biscuit.
Laisser refroidir.
Sur un des côtés courts, à 2,5 cm du bord faire un sillon (pour
permettre la première pliure).
Étaler la confiture sur le biscuit à l'aide d'une spatule métallique.
Rouler le biscuit à partir du bord pré-découpé.

YULE LOG

Time 25 + 10

Ingredients

Cake
Swiss Roll: page 46

Chocolate Cream
80 g baking chocolate
20 g granulated sugar
60 g heavy cream
60 g softened butter
3 egg yolks
1 tablespoon strong coffee

Directions

Prepare a Swiss roll as explained on page 46.

While the cake is cooling, prepare the chocolate cream.
Break the chocolate into pieces. Melt with coffee in a bain-marie.
Beat yolks with sugar until light.
Add butter and mix until smooth.
Pour the mixture onto well melted chocolate.
(Otherwise, the cream goes lumpy. Check with the tip of a knife.)
Mix well.
Spread half the chocolate cream over the cake with a palette knife.
Roll up the cake.
Arrange cake roll on serving tray.
Cover with remaining chocolate cream.
Sweep with a fork to form the bark line design.
Refrigerate.

BÛCHE DE NOËL

Temps 25 + 10

Ingrédients
Gâteau
Roulé: page 47
Crème au chocolat
80 g de chocolat à cuire
20 g de sucre semoule
60 g de crème épaisse
60 g de beurre mou
3 jaunes d'oeuf
1 cuillerée de café fort

Préparation

Préparer un roulé comme expliqué page 47.

Pendant que le gâteau refroidit, préparer la crème au chocolat.

Casser le chocolat et mettre les morceaux à fondre dans le café, au bain-marie.

Fouetter le sucre et les jaunes jusqu'à ce que le mélange blanchisse.

Ajouter le beurre et lisser pour obtenir une pommade.

Verser ce mélange sur le chocolat bien mou.

(Sinon, la crème va faire des grumeaux. Vérifier avec la pointe d'un couteau.)

Mélanger intimement le tout.

Etaler la moitié de la crème au chocolat sur le gâteau avec une spatule métallique.

Rouler le gâteau.

Le déposer sur le plat de service.

Le recouvrir du reste de crème.

Passer une fourchette à sa surface pour imiter les sillons d'une écorce.

Mettre au réfrigérateur.

LINING PASTRY

Time 20 + 120

Ingredients

250 g flour, sifted
125 g butter, diced
15 g granulated sugar
1 egg yolk
50 g water
2 g salt

Directions

Work butter and flour with fingertips (or with a blender).

Rub between hands until sandy.

Make a broad well in the center.

Pour salt, sugar, and ½ tablespoon water to dissolve them.

In a little bowl, mix yolk with half the water. Pour the egg mixture into the well.

Mix all ingredients working dough with heel of hand.

Add water, a little at a time, only if necessary.

Form into a ball.

Wrap in a plastic foil.

Leave to rest and refrigerate for at least 2 hours.

PÂTE À FONCER

Temps 20 + 120

Ingrédients

250 g de farine tamisée
125 g de beurre en dés
15 g de sucre
1 jaune d'oeuf
50 g d'eau
2 g de sel

Préparation

Travailler le beurre et la farine du bout des doigts
(ou avec un mixer).
Frotter le mélange entre les mains pour obtenir une consistance
sableuse.
Creuser un large puits au milieu.
Verser le sel, le sucre et ½ cuillerée d'eau pour les dissoudre.
Dans un petit bol, délayer le jaune d'oeuf avec la moitié de l'eau.
Verser dans le puits.
Mélanger le tout en appuyant la pâte avec les paumes.
Ajouter de l'eau par petites quantités, seulement si nécessaire.
Former une boule.
L'envelopper dans un film plastique.
Laisser reposer au réfrigérateur au moins 2 heures.

PEAR CUSTARD TART

Time (140) + 20 + 30

Ingredients

Lining pastry: page 50

Custard
1 tablespoon flour (for the work surface)
15 g butter (for the tin)
50 ml milk
40 g sugar
3 eggs
15 g cornstarch
½ lemon
1 vanilla pod
2 pears

Directions

Prepare lining pastry as explained on page 50.

Roll out the pastry on a floured surface and use it to line a
buttered tart tin.
Halve, core and peel pears.
Rub pears with lemon half and slice them thin.
In a bowl, beat eggs and sugar until frothy.
Add cornstarch.
Heat the milk in a heavy saucepan with the vanilla pod.
Pour it little by little onto the mixture of eggs and sugar.
Pour the whole mixture back into the saucepan.
Cook on a low heat while stirring constantly for 4 minutes.
Lay the pears on the pastry.
Cover with the custard.
Bake in a preheated oven at 170° C (325° F) for 30 minutes.

FLAN AUX POIRES

Temps (140) + 20 + 30

Ingrédients
Pâte à foncer: page 51
Flan
1 cuillerée de farine (pour le plan de travail)

15 g de beurre (pour le moule)

50 ml de lait

40 g de sucre

3 oeufs

15 g de maïzena

½ citron

1 gousse de vanille

2 poires

Préparation

Préparer la pâte à foncer comme indiqué page 51.
Etaler la pâte sur une surface farinée et garnir un moule à tarte
beurré.
Couper les poires en 2, les épépiner et les peler.
Les frotter avec le demi citron et les couper en lamelles.

Dans un saladier, fouetter les oeufs et le sucre jusqu'à ce que le
mélange soit mousseux. Ajouter la maïzena.
Faire chauffer le lait avec la gousse de vanille dans une casserole à
fond épais.
Le verser petit à petit sur le mélange oeufs et sucre.
Reverser le tout dans la casserole.
Faire cuire à feu doux, en remuant sans arrêt, pendant 4 minutes.
Coucher les poires sur la pâte. Les napper avec le flan.
Faire cuire 30 minutes au four préchauffé à 170° C.

PLUM TART

Time (140) + 20 + 25

Ingredients

Lining pastry: page 50
Filling
100 g brown sugar
     500 g plums (I prefer greengages, but red-skin plums
     soak less)
50 g heavy cream

Directions

Prepare lining pastry as explained on page 50.

Preheat the oven at 180° C (360° F).

Wash, dry, halve and pit the plums.

On a floured surface, roll out the pastry.

Line the pie plate. Trim the crust.

Line pastry on side using the back of a fork and prick the bottom
in several places with the tines.

Place the plum halves on the pastry in concentric circles, the
rounding part downwards,

so that each overlaps the next into the center.

Spread the cream.

Sprinkle brown sugar evenly.

Bake for 25 minutes.

TARTE AUX PRUNES

Temps (140) + 20 + 25

Ingrédients

Pâte à foncer: page 51
Garniture
100 g de cassonade
½ kg de prunes (je préfère les reines-claudes mais les quetsches rendent moins de jus)
50 g de crème épaisse

Préparation
Préparer la pâte à foncer comme expliqué page 51.
Préchauffer le four à 180° C.
Laver, essuyer, couper les prunes en 2 et les dénoyauter.
Etaler la pâte sur une surface farinée.
Garnir le moule à tarte. Couper ce qui déborde.
Appliquer la pâte sur le bord du moule avec le dos d'une fourchette
et piquer le fond avec les dents.
Disposer les prunes en cercles concentriques, partie bombée contre
le fond,
de façon à ce que chaque prune recouvre de moitié celle qui la
précède.
Etaler la crème et répartir la cassonade.
Enfourner et faire cuire 25 minutes.

MISSES TATINS' TART

Time 30 (+ 40) + 25

Ingredients

150 g flour (+ 1 tablespoon for the work surface)
60 g sugar
90 g butter, softened
2 tablespoons water
1 egg yolk
6 apples
½ lemon
2 g teaspoon salt

Directions

Preheat the oven at 180° C (360° F).
Mix together butter and water, add salt, flour and egg.
Knead lightly, wrap in a plastic foil and refrigerate for 40 minutes.
Peel, cut in 4 parts and core apples.
Squeeze the lemon.
Pour sugar into buttered pan. Cook the deep pan on low heat to make caramel.
Add lemon juice.
Divide dough in 2 unequal parts: 1/3 - 2/3 .
On a floured surface, roll out the largest dough part to make a ribbon as wide as the pan height + 1 cm (½ inch).
Line the pan side with the ribbon of pastry.
Lay apples, rounded part downwards.
Roll out remaining pastry to form a round. Put it on the apples.
Brush water round the edge and fold the ribbon on the round.
Bake for 30 minutes. Protect the pastry with aluminum foil.
Bake another 10 minutes. Allow to rest a couple of minutes.
Very gently, loosen the pan side with a knife.
Place a large plate, upside down on the pan. Put on thick gloves.
Hold the pan and the plate together firmly and invert so apple layer is on top.

TARTE DES DEMOISELLES TATIN

Temps 30 (+ 40) + 25

Ingrédients

150 g de farine (+ 1 cuillerée pour la surface de travail)

60 g de sucre

90 g de beurre mou

2 cuillerées à soupe d'eau

1 jaune d'oeuf

6 pommes

½ citron

2 g de sel

Préparation

Préchauffer le four à 180° C.

Mélanger le beurre et l'eau, ajouter le sel, la farine et le jaune d'oeuf.

Pétrir légèrement, envelopper dans un film plastique et mettre au réfrigérateur pendant 40 minutes.

Peler les pommes, les couper en 4 et les épépiner.

Presser le citron.

Verser le sucre dans le moule à manqué beurré. Faire chauffer à petit feu pour faire du caramel. Ajouter le jus de citron.

Diviser la pâte en 2 parts inégales: ⅓ - ⅔.

Sur le plan de travail fariné, étaler la plus grosse part pour former un ruban d'une largeur égale à la hauteur du moule + 1 cm.

Appliquer ce ruban de pâte contre le bord du moule.

Disposer les pommes, partie arrondie contre le caramel.

Etaler le restant de pâte de façon à former un cercle. Le poser sur les pommes.

Au pinceau, passer de l'eau sur le pourtour et replier le ruban sur le cercle.

Enfourner et cuire 30 minutes. Couvrir la pâte avec du papier d'aluminium. Faire cuire encore 10 minutes.

Laisser reposer quelques minutes.

A l'aide d'un couteau, décoller délicatement la pâte.

Renverser une grande assiette sur le moule. Mettre des gants épais.

Tenir fermement le moule et l'assiette ensemble et les renverser de façon à ce que les pommes soient sur le dessus.

CHOUX PASTRY

Time 20 + 20

Ingredients
125 ml water
125 ml milk
100 g diced butter
4 eggs
5 g granulated sugar
150 g sifted flour
2 g teaspoon salt
For the egg wash
1 egg yolk beaten with 2 teaspoons water

Directions

Preheat the oven at 220° C (420° F).
In a saucepan, bring to boil water, milk, butter, salt and sugar.
Cook for 1 minute, stirring continuously.
Take the saucepan off the heat and tip in all the flour at once.
Stir until entirely incorporated and smooth.
Cook on low heat for 2 to 3 minutes to dry the mixture slightly.
Tip the mixture into a bowl. Let it cool for 5 minutes.
Beat in the eggs, one at a time, using a wooden spoon.
The volume of eggs must be the same as the volume of water + milk.
You may have to add or subtract ½ egg to make the volumes equal. The mixture must be smooth and glossy, not too liquid.
Line baking sheets with baking parchment.
Spoon the batter into a piping bag and pipe walnut size mounds on the prepared baking sheets.
Let space between them: choux pastry expands.
Brush mounds with egg wash.
Bake the choux for 10 to 15 minutes then open the oven door and leave it 1 cm (½ inch) ajar.
Bake 5 to 10 minutes with door ajar. Let cool on wire rack.

PÂTE À CHOUX

Temps 20 + 20

Ingrédients
125 ml d'eau
125 ml de lait
100 g beurre en morceaux
4 oeufs
5 g sucre
150 g farine tamisée
2 g de sel
Pour la dorure : 1 jaune d'œuf battu avec un peu d'eau

Préparation

Préchauffer le four à 220° C.
Dans une casserole, porter à ébullition l'eau, le lait, le beurre, le sel et le sucre.
Faire cuire 1 minute en remuant sans arrêt.
Retirer la casserole du feu et y verser la farine en une seule fois.
Remuer jusqu'à ce que l'appareil soit homogène et onctueux.
Chauffer à petit feu 2 à 3 minutes pour sécher légèrement l'appareil.
Verser dans un saladier. Laisser refroidir 5 minutes.

Incorporer les oeufs un à un en battant avec une cuiller en bois.
Le volume des oeufs doit être égal au volume eau+lait.
Vous pouvez donc avoir besoin d'ajouter ½ oeuf.
L'appareil doit être onctueux et brillant, pas trop liquide.

Étaler du papier sulfurisé sur la plaque à gâteaux.
Emplir une poche à douille avec la pâte à choux
et disposer des petits tas de pâte de la taille d'une noix sur les plaques.
Les espacer régulièrement: la pâte à choux gonfle.
A l'aide d'un pinceau, enduire les choux de dorure.

Cuire les choux 10 à 15 minutes puis ouvrir la porte du four de 1 cm.
Cuire 5 à 10 minutes, porte entrouverte.
Laisser refroidir sur une grille.

CREAM CHOUX

Time (40 +) 20

Ingredients
Choux pastry: page 58
Filling
400 g heavy cream, cooled
120 g confectioners' sugar
5 ml vanilla extract
Icing
120 g granulated sugar
3 teaspoons water

Directions

Choux
Prepare the choux as explained on page 58.

Filling
Combine cream and sugar.
Whip until peaks form.
Spoon the filling into a piping bag fitted with a small nozzle.
Drill a little hole in each bun and pipe in the filling.

Icing
Prepare the caramel: in a heavy skillet, cook sugar with water on medium heat.
When golden blond, dip the top of each bun into the caramel.
Refrigerate.

CHOUX À LA CRÈME

Temps (40 +) 20

Ingrédients
Pâte à choux: page 59
Crème
400 g de crème épaisse, réfrigérée
120 g de sucre glace
quelques gouttes d'extrait de vanille
Glaçage
120 g de sucre semoule
3 cuillerées d'eau

Préparation

Choux
Préparer les choux comme expliqué page 59.

Crème
Mélanger la crème et le sucre.
Fouetter jusqu'à ce que les pointes ne retombent pas.
Remplir une poche à douille de crème.
Creuser un petit trou dans chaque chou et le remplir de crème.

Glaçage
Préparer le caramel: dans un poêlon à fond épais, chauffer le sucre et
l'eau à feu moyen.
Quand le caramel est blond doré, y tremper le sommet de chaque
chou.

Réfrigérer.

CHOCOLATE ECLAIRS

Time (40 +) 30

Ingredients
Choux pastry: page 58
Confectioners' Custard Filling
250 ml milk
60 g sugar
2 egg yolks
25 g cornstarch
25 g flour (sift together cornstarch and flour)
3 ml vanilla extract
Ganache
75 g diced baking chocolate
75 g cream

Directions

Eclairs
Prepare the choux pastry as explained on page 58
but, with the piping bag, pipe 10 cm (4") long sticks.

Filling
Heat milk and vanilla in a saucepan until boiling.
In a bowl, beat together yolks and sugar. Add flour and cornstarch.
Beat vigorously.
Pour half boiling milk in the mixture, whip well.
Pour the mixture in the saucepan with remaining milk.
Bring to the boil stirring constantly. Simmer 1 minute.
Pour into a large dish (as large as possible) to cool the filling. Cover
with cling film.
When cool, pour in a bowl and whip to smooth.
Spoon the filling in a piping bag.
Drill a little hole at the base of each éclair and fill it.

Icing with Ganache
Put the dices of chocolate in a little bowl. Melt in a bain-marie.
Heat cream until boiling. Pour onto MELTED chocolate. Stop heating.
Wait 1 minute. Mix lightly.
With a palette knife, spread the ganache on the top of the éclairs.
Let cool until ganache sets.

ÉCLAIRS AU CHOCOLAT

Temps (40 +) 30

Ingrédients
Pâte à choux: page 59
Garniture de crème pâtissière
250 ml de lait
60 g de sucre
2 jaunes d'oeufs
25 g de maïzena
25 g de farine (tamiser ensemble la maïzena et la farine)
3 ml d'extrait de vanille
Ganache
75 g de chocolat à cuire en morceaux
75 g de crème

Préparation
Éclairs
Préparer la pâte à choux comme indiqué page 59
mais, avec la poche à douille, former des bûchettes de 10 cm de long.

Crème pâtissière
Dans une casserole, chauffer le lait et la vanille jusqu'à ébullition.

Dans un saladier, battre les jaunes et le sucre. Ajouter la farine et la maïzena. Battre énergiquement.

Verser la moitié du lait bouillant sur l'appareil et fouetter.

Verser l'appareil dans la casserole avec le reste du lait.
Amener à ébullition en remuant sans arrêt. Laisser frémir 1 minute.

Verser dans un grand plat pour refroidir. Couvrir avec un film plastique.

Quand la crème est refroidie, la verser dans un saladier et la fouetter jusqu'à ce qu'elle soit onctueuse.

La mettre dans une poche à douille. Creuser un petit trou à un bout d'un éclair et le remplir.

Glaçage à la ganache
Mettre les morceaux de chocolat dans un petit bol. Faire fondre au bain-marie.

Chauffer la crème jusqu'à ébullition. La verser sur le chocolat FONDU.
Éteindre le brûleur, attendre 1 minute et mélanger délicatement.

A l'aide d'une spatule de pâtissier, étaler la ganache sur les éclairs.

Laisser refroidir jusqu'à ce que la ganache ait pris.

SUZETTE CREPE

Time (120 +) 15

Ingredients
Crepe batter: page 30
1 tablespoon Grand-Marnier
1 tablespoon sugar
Orange sauce
100 g softened butter
1 tablespoon water
100 g granulated sugar
1 grated orange zest
120 ml orange juice
2 tablespoons Grand-Marnier

Directions

Prepare the crepes as explained on page 30, but add 1 tablespoon Grand-Marnier and 1 tablespoon sugar to the basic
crepe batter.

Orange sauce
Pour water and sugar in a pan and leave on low heat until sugar dissolves.
Turn up the heat and cook the sugar to caramel stage.
Add butter, zest and orange juice. Cook to reduce the sauce.
Warm the Grand-Marnier.
Spread a crepe in the sauce, fold it twice from the middle (to get a
 rough triangle) and continue with the other crepes.
Add lukewarm Grand-Marnier.
Flambé (mind your eyelashes).

If you have a spirit stove (e.g. for the fondue) and master the artof flambéing, finish the recipe in front of your guests.

CRÊPE SUZETTE

Temps (120 +) 15

Ingrédients
Pâte à crêpes: page 31

1 cuillerée à soupe de Grand-Marnier
1 cuillerée de sucre
Sauce à l'orange
100 g de beurre à température ambiante
1 cuillerée à soupe d'eau
100 g de sucre en poudre
1 zeste d'orange râpé
120 ml de jus d'orange
2 cuillerées à soupe de Grand-Marnier

Préparation

Préparer les crêpes comme expliqué page 31, mais ajouter 1 cuillerée à soupe de Grand-Marnier et 1 de sucre à la pâte ordinaire.

Sauce à l'orange
Verser l'eau et le sucre dans la poêle. Chauffer doucement pour dissoudre le sucre,
puis chauffer fortement pour en faire du caramel.
Ajouter le beurre, le zeste et le jus d'orange. Faire réduire.
Chauffer le Grand-Marnier.
Etaler une crêpe dans la sauce, la plier deux fois par le milieu (pour obtenir un vague triangle) et faire de même pour toutes les crêpes.
Ajouter le Grand-Marnier tiédi.
Flamber (attention à vos cils).

Si vous avez un réchaud à alcool (comme celui utilisé pour la fondue) et maîtrisez l'art de flamber, finissez la recette devant vos invités.

CROWN WITH CANDIED FRUITS

Time 10 (+ 4 hours) + 40

Ingredients

250 g flour, sifted
10 g fresh baker's yeast
20 g sugar
125 ml milk
5 g grated orange zest
2 g teaspoon salt
50 g diced butter, softened
1 egg (+ 1 yolk for egg wash)
50 g candied fruits

Directions

Mix baker's yeast with a little lukewarm milk.
Pour flour in a bowl. Mix in sugar and baker's yeast.
Cover and leave in a warm room for 20 minutes.
Add salt, orange zest, butter and beaten egg.
Add remaining milk and knead until smooth, without lumps,
and loosening from the bowl.
Cover. Leave the dough to rise for 1 ½ hour.
Mix in candied fruits.
Form a cylinder and put it into the buttered savarin mold.
Leave the dough to rise for ¼ hour. Cool for 1 hour.
Preheat the oven at 200° C (380° F).
Mix egg yolk with water. Brush crown with egg wash.
Bake for 40 minutes.
Turn out and let cool on wire track.

COURONNE AUX FRUITS CONFITS

Temps 10 (+ 4 hours) + 40

Ingrédients

250 g de farine tamisée
10 g de levure de boulanger fraîche
20 g de sucre
125 ml de lait
5 g de zeste d'orange râpé
1 pincée de sel
50 g de beurre mou en morceaux
1 oeuf + 1 jaune pour la dorure
50 g de fruits confits

Préparation

Délayer la levure dans un peu de lait tiède.
Verser la farine dans une jatte. Incorporer le sucre et la levure.
Couvrir et laisser 20 minutes dans une pièce chaude.
Ajouter le sel, le zeste d'orange, le beurre et l'oeuf battu.
Ajouter le reste de lait et pétrir jusqu'à obtenir une pâte lisse et ferme, sans grumeaux, et se détachant du saladier.
Couvrir. Laisser lever 1 ½ heure.
Incorporer les fruits confits.
Former un cylindre et le placer dans le moule à savarin beurré.
Laisser lever ¼ d'heure et mettre une heure au réfrigérateur.
Préchauffer le four à 200° C.
Délayer le jaune d'oeuf dans un peu d'eau. Passer la dorure sur la couronne.
Faire cuire 40 minutes.
Démouler et laisser refroidir sur une grille.

TWELFTH NIGHT CAKE

Time 30 + 35
Ingredients
300 g puff pastry
1 yolk for egg wash
1 charm (optional)
Frangipane Cream
Confectioners' Custard Filling: page 62
Tant pour tant: 60 g almond powder, 60 g confectioners' sugar
50 g softened butter
20 g cornstarch
20 ml rum
1 egg

Directions

Frangipane Cream
Prepare the Confectioners' custard filling as explained on p. 62.
Combine tant pour tant with butter. Add egg, cornstarch, rum.
Combine the whole mixture with Confectioners' custard filling.
Cake
Preheat the oven at 200° C (390° F).
Divide puff pastry in 2 equal parts; roll them out.
Lay 1 half onto a cookie sheet prepared with parchment paper.
Cover with Frangipane Cream to about 2 cm (0.8") thickness,
leaving a 2 cm (0.8") surround.
(Put the charm.)
Mix egg yolk with water. Brush surround with egg wash.
Cover with the other half. Press the edge.
Cut the cake into a round and use scraps to cut decorative forms.
With a knife, notch the surround to seal rolled-out pastry.
Stick the decorative forms with egg wash.
Brush the cake with egg wash.
Bake for 35 minutes.
Lift with a wide palette knife to check if the bottom is baked
before stopping baking.
Cool on wire rack.

GALETTE DES ROIS

Temps 30 + 35

Ingrédients

300 g de pâte feuilletée

1 jaune d'oeuf pour la dorure

1 fève (facultative)

Crème frangipane

Crème pâtissière: page 63

Tant pour tant: 60 g poudre d'amande, 60 g de sucre glace

50 g de beurre mou

20 g de maïzena

20 ml de rhum

1 oeuf

Préparation
Crème frangipane

Préparer la crème pâtissière comme expliqué page 63.

Incorporer le beurre au tant pour tant. Ajouter l'oeuf, la maïzena et le rhum.

Mélanger le tout à la crème pâtissière.

Galette

Préchauffer le four à 200° C.

Diviser la pâte feuilletée en 2 parties égales; les étaler au rouleau.

Poser une moitié sur une plaque à gâteaux couverte de papier sulfurisé. Couvrir de crème frangipane sur 2 cm d'épaisseur, jusqu'à 2 cm du bord.

(Mettre la fève.)

Mélanger le jaune d'oeuf avec de l'eau. Passer la bordure à la dorure à l'oeuf. Couvrir avec la deuxième moitié. Appuyer sur le pourtour.

Découper la galette en cercle et découper des formes décoratives dans les chutes. Avec un couteau, faire des entailles sur le pourtour pour souder les abaisses. Coller les formes décoratives avec de la dorure. Dorer la surface.

Faire cuire 35 minutes. Soulever avec une palette large pour vérifier que le dessous est cuit avant d'arrêter la cuisson.

Faire refroidir sur une grille.

To know when a new title (audible or legible) is released follow me:

https://gumroad.com/babooks

and find bilingual audio books, decorative fonts and patchfonts, enigmas and cryptograms.

Bilingual books :

A Love Of Archetype - Un Amour d'archétype
*https://www.amazon.com/dp/*B08JS1XGVQ

How to Create Your Cult... and Become a Rich Guru

English/French https://www.amazon.com/dp/B082J3HVK1
English/Spanish https://www.amazon.com/dp/B082JY7P4M_
French/ Spanish https://www.amazon.com/dp/B082VFBGQ8

The collection: *Pastry Making* (paperbooks only)
Various combinations of French, English, Spanish, Portuguese, Chinese

Trilingual books :

The Lost Dogs of the Pampas

Various combinations of 3 languages among French, English, Spanish, Chinese, German, Russian, Hindi, Swedish, Dutch.
Being prepared : Portuguese.

* * *

The collection: *Enigmas, puzzles and cryptograms* is also available in French: *Énigmes, casse-têtes et cryptogrammes.*

CPSIA information can be obtained
at www.ICGtesting.com
Printed in the USA
BVHW040228291121
622762BV00015B/1140